LA RÉPUBLIQUE

ET

L'EMPIRE

PAR

F. PERRON

Fondateur du *Petit Caporal*
Auteur de la Brochure *Ils en ont menti !*

PRIX : **30** CENTIMES

PARIS

LIBRAIRIE JULES BOYER
41, RUE DES JEUNEURS, 41

—

1879

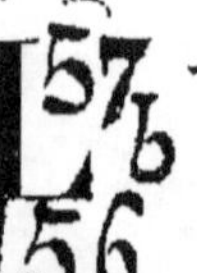

LA RÉPUBLIQUE

ET

L'EMPIRE

CHAPITRE PREMIER

LA RÉPUBLIQUE

QU'EST-CE QUE LA RÉPUBLIQUE ?
QU'A-T-ELLE ÉTÉ ?
QUE PEUT-ELLE ÊTRE ?

I

Qu'est-ce que la République ?

Selon les républicains, la République est le gouvernement de *tous par tous*; c'est-à-dire l'absence de tout gouvernement, l'anarchie, le désordre, le gâchis.

 « Où il n'y a pas de maître, a dit Bossuet, tout le monde est maître, et où tout le monde est maître, tout le monde est esclave. »

Il n'y eut jamais, en effet, gouvernement plus arbitraire, plus tyrannique, plus contraire au bon sens, que celui de la République, telle que l'entendent nos républicains.

Demandez à ces honnêtes pères de famille, à ces candides négociants qui se sont empressés d'acclamer la République, ce que deviendrait leur maison si, au lieu d'en rester les chefs, ils laissaient à leur femme, à leurs enfants, à leurs employés de toute sorte, le soin de la conduire chacun à sa guise.

« Vous n'y pensez pas, s'écrieraient-ils ! Ce serait la tour de Babel, la confusion, la ruine ! »

Or, ce qui serait la *ruine* pour une maison particulière, que sera-ce donc pour une nation de 38 millions d'hommes?

Voilà cependant le régime que vous prétendez imposer à la France comme un gouvernement modèle !

*
* *

Et ne venez pas nous dire que toute République a un chef. Ce n'est plus alors la *vraie* République, le gouvernement *de tous par tous*. Il est de l'essence de la République de repousser toute espèce de chef, sous peine de se confondre avec la Monarchie.

Le beau temps de notre première République n'a-t-il pas été celui de la Convention nationale qui non-seulement n'avait pas de chef, mais coupait le cou à ceux qui aspiraient à l'être?

Or, cette Convention n'est-elle pas aujourd'hui l'idéal de nos vrais républicains? Ne proclament-ils pas la nécessité de supprimer le *Président* aussi bien que le *Sénat;* de ne conserver qu'une *seule* Assemblée, incessamment soumise à la volonté de ceux qui l'ont nommée?

Les purs vont encore plus loin. Pour eux, la France ne sera vraiment en République que lorsque chacune des trente-cinq mille communes dont elle se compose, sera maîtresse absolue d'elle-même, et que ses habitants auront le droit d'y commander chacun à son tour, ou tous à la fois.

Tel est le type de la vraie République!

II

Qu'a été la première et qu'a-t-elle produit?

On sait ce qui peut sortir d'un pareil régime!

Nos pères, avant nous, l'avaient vu à l'œuvre, de 92 à 99. La République venait à peine de naître qu'elle célébrait sa naissance par les horribles massacres de Septembre, continués, pendant deux ans, par ces charretées de victimes que le Tribunal révolutionnaire envoyait, chaque jour, à l'abattoir national.

Saturne dévorait ses enfants ; la République a dévoré ses pères. Elle commença par les Girondins qui, les premiers, en avaient doté la France ; mais leurs bourreaux, les féroces Jacobins, ne furent pas plus épargnés. Le couteau de la guillotine ne cessa de fonctionner que quand il n'eut plus de têtes à couper, ni de juges républicains pour l'en approvisionner.

*
* *

Tant d'horreurs avaient soulevé le cœur du pays ! Ce n'était cependant pas encore assez pour le décider à chercher son salut dans un chef unique. Il s'en donna *cinq* à la fois, qui, sous le nom de *Directoire*, remplacèrent le régime de la *Terreur* par celui de la corruption et des déportations en masse.

Grâce à la lassitude générale, ce nouveau régime se prolongea cinq ans, pendant lesquels la France passa par toutes les convulsions de l'agonie et acheva de se ruiner.

Son gouvernement avait englouti, sous forme d'assignats, les QUARANTE MILLIARDS de biens du clergé et de la noblesse ; il ne restait pas un sou dans ses caisses, et personne ne voulait plus de son *papier-monnaie*. L'industrie de la France était morte, son commerce en était réduit à celui des fournitures de l'armée, où les *Rizpain-sels* de cette heureuse époque, qui avaient l'oreille d'un des membres du gouvernement, faisaient alors de si scandaleuses fortunes.

*
* *

Les mêmes scandales se sont reproduits pendant la guerre de la prétendue *Défense nationale* ; et, comme s'il était de tradition républicaine de ne favoriser que le commerce des fournisseurs de l'armée, les révélations qui viennent d'être faites à la Chambre des députés ont prouvé que ces scandales se renouvellent encore aujourd'hui.

Un député a eu le courage de monter à la tribune pour dire à la France à quel point ses soldats sont mal habillés, mal couchés, mal nourris ; et ni le ministre de la guerre, ni le commissaire du gouvernement, ni le président de la Commission du budget n'ont osé le contredire.

Mais, ce qui a le plus étonné, c'est que pas un républicain ne se soit levé pour déclarer, au nom de la France, qu'un pareil état de choses ne pouvait durer un jour de plus; qu'à tout prix, dût-il en coûter des millions, il fallait que nos soldats ne fussent plus condamnés à coucher sur la *paille* et à se nourrir avec de la *viande* de *rebut* ou *gâtée*.

Qu'a répondu le gouvernement? Qu'il fallait attendre l'expiration de ses engagements envers les fournisseurs; qu'il *étudierait* la question et qu'ensuite il *aviserait*.

Il sera bien temps, quand la santé de nos enfants aura été compromise par suite des privations et des souffrances que vos fournisseurs leur auront fait endurer!

Et voilà comment cette République, qui devait tant faire pour la *régénération* et le *bien-être* de l'armée, a tenu ses promesses!

Il en est de ces promesses-là comme de celles qu'elle avait faites au peuple.

Convenons que les républiques ne sont pas moins habiles que les monarchies à distribuer *l'eau bénite de Cour.*

III

Qu'a produit la seconde République?

La seconde République dura moins que la première; mais elle commença et finit de même. Sortie des barricades de février 1848, elle périssait, en juin, dans les flots de sang dont elle avait inondé Paris; et, dès le mois de décembre suivant, la France cherchait son salut dans les bras de l'héritier du grand nom qui l'avait sauvée au commencement du siècle.

Ce ne fut certes pas la faute des révolutionnaires d'alors, si cette seconde République ne
porta pas tous les fruits amers de sa devancière;
ce ne fut pas non plus la faute des novateurs de
cette époque; les Louis Blanc, les Proudhon, les
Buchez, les Barbès, les Blanqui, les Pierre Le-
roux, les Fourrier et les Considérant, si la société française n'a pas été complétement soumise
aux expérimentations de leurs utopies insen-
sées.

Ils eurent à peine le temps de lui laisser en-
trevoir les perspectives du bonheur qu'ils lui ré-
servaient. Mais, si la France fût restée, quelques
années seulement, en leur pouvoir, c'en était
fait d'elle et de son avenir.

Au lieu de cette longue époque de calme et de
prospérité dont elle a joui sous le second Empire,
la deuxième République lui aurait donné tout ce
que la troisième lui tenait en réserve.

Heureusement, elle eut le bon sens de se placer
sous la direction d'une main ferme qui, saisis-
sant les rênes de cette cavale indomptée, sut
l'arrêter court au bord de l'abîme.

* *

Veut-on savoir, du reste, à quel état la seconde République avait, dès son début, réduit la

France? Nous en avons un témoin que les plus exaltés ne sauraient récuser.

Voici ce que disait, ces jours derniers, dans un banquet d'ouvriers, l'un des chefs de la République de 48, le fameux Louis Blanc.

« La vérité est qu'au *lendemain* de la révolu-
« tion de 1848, la France se trouva en pleine crise
« commerciale. L'industrie s'était arrêtée, le ca-
« pital avait pris peur. Instruments de travail,
« matières premières, crédit, tout manquait aux
« ouvriers. De l'épargne, il n'y avait pas à leur
« parler; il faut du temps pour épargner, et ils
« ne pouvaient attendre. D'ailleurs, comment
« recommander l'économie à qui n'a rien?...
« S'associer? On y songea; mais cela demandait
« des avances, et toutes les bourses se fer-
« maient. »

Telle était, selon Louis Blanc, la situation au lendemain de la révolution de Février. Ce n'est pas nous qui le lui faisons dire : *habemus confitentem reum.*

IV

Qu'a produit la troisième République?

Voyons maintenant ce qu'a fait jusqu'ici pour la France la troisième République et ce qu'elle lui réserve.

Ce qu'elle a fait se résume en trois mots : Elle a déchaîné sur nous tous les *désastres*, toutes les *ruines*, toutes les *hontes*.

Pour s'en convaincre, il suffit de se souvenir ; mais la France oublie trop vite, et c'est à ses vrais amis de réveiller sa mémoire.

*
* *

Le règne des hommes du 4 Septembre nous a coûté :

Cinq milliards d'indemnités aux Prussiens ;

Plus, *deux provinces* qui valent davantage ;

Plus, *trois* ou *quatre milliards* pour dépenses et ravages de guerre ;

Plus *cinq milliards*, au moins, pour chômage, pendant *six mois*, du travail national.

Il faut y ajouter la perte de 150,000 *soldats*, tués dans les combats ou morts de froid et de misère, par suite de l'incapacité de ceux qui nous gouvernaient alors, notamment de J. Favre qui, en signant l'armistice, a oublié l'armée de Bourbaki dans les neiges du Jura.

Plus, la mort de 50,000 Parisiens qui ont succombé aux privations et aux souffrances du siége, grâce à la stupidité de ceux qui administraient les ressources de la ville.

Plus, la *captivité*, en Allemagne, de 250,000 soldats français.

1.

Plus, les hontes de toutes ces sanglantes défaites que de sinistres saltimbanques nous ont
inutilement fait subir, sous prétexte de prolonger la défense du pays et, en réalité, pour
prolonger leur fatale domination.

Ajoutons encore à tous ces désastres les horreurs de la guerre civile sous la Commune, le
massacre des otages, les plus beaux monuments
de Paris livrés aux flammes, les *cent mille* ouvriers et soldats tués ou déportés par des mains
françaises; plus, *deux milliards* dépensés ou vo-
lés dans cette lutte fratricide.

Additionnons ensuite, d'un côté, ces 15 à 20
milliards d'argent; de l'autre, les souffrances et
la mort de *deux* à *trois cent* mille Français, plus,
l'honneur de la France qui, pendant six mois,
a coulé par tous ses pores; puis, demandons-
nous, la main sur le cœur, quels sentiments les
auteurs de tant de calamités doivent inspirer à la
France !

*
* *

Quand l'histoire racontera cet épouvantable
amas de hontes et d'horreurs à nos enfants,
leur premier mouvement ne sera-t-il pas de
demander par quels supplices ces hommes néfastes ont expié leurs forfaits?

Mais quand elle leur répondra qu'au lieu d'avoir été traînés sur la claie et cloués au pilori des assassins et des traîtres, ils sont devenus les maîtres de la France et les arbitres de ses destinées, nos malheureux enfants ne pourront retenir un cri d'indignation. Ils maudiront non-seulement les coupables de tant de crimes, mais encore et surtout les lâches qui, après les avoir laissés impunis, sont allés jusqu'à leur décerner les titres de : *défenseurs de la patrie* et de : *libérateurs du territoire !*

C'est en vain que ces hommes ont voulu rejeter sur d'autres une responsabilité dont le poids les écrase. Ils ont pu, dans les commencements, à force de mensonges, égarer le jugement des masses ; mais aujourd'hui que la vérité a pu faire entendre sa voix, personne n'ignore que, à partir du 4 Septembre, tous les malheurs qui ont accablé la France sont leur ouvrage, puisque *eux seuls y commandaient en maîtres.*

*
*

Leur premier crime, celui d'où sont sortis tous les autres, est la révolution du *quatre Septembre.*

De quel droit se sont-ils permis de renverser, devant l'ennemi, un gouvernement plusieurs fois acclamé par le suffrage presque unanime du pays ? A quel titre la volonté d'un J. Favre, d'un Crémieux, d'un Gambetta, d'un Thiers et d'un Trochu osait-elle se substituer à la volonté de la France ?

Sans doute ils ne la respectent pas plus aujourd'hui, et les scandaleuses invalidations auxquelles ils se livrent contre les députés qui leur déplaisent, sont une preuve frappante du cas qu'ils en font.

Mais la persévérance dans le crime, doit-elle en diminuer l'horreur ?

Chose étonnante ! ces hommes qui se font un jeu de fouler ainsi aux pieds la volonté du peuple, sont précisément ceux qui proclament le plus haut leur respect pour elle ! Eh ! messieurs, pourquoi tant crier contre les jésuites ? Vous en remontreriez à Escobard lui-même !

*
* *

Sedan n'était qu'une bataille perdue, où l'héroïsme de nos soldats et de leurs chefs avait noblement vengé la gloire du pays. Ce n'était pas la première fois qu'un pareil malheur frappait la France ; elle en avait éprouvé de plus terribles encore à Bouvines, à Azincourt, à Pavie, où tout était perdu, *fors l'honneur.*

Si nos députés et sénateurs avaient eu au

cœur, en ce moment, la moindre étincelle du patriotisme qui animait nos pères, tout pouvait aussi être sauvé. Il restait encore à la France sa grande armée de Metz, une partie de celle qui s'était formée au camp de Châlons, et toutes les troupes que l'Algérie et les villes de l'intérieur dirigeaient sur Paris. Avec ces éléments, réunis aux nombreux bataillons de mobiles et aux hommes de bonne volonté qui ne manquent jamais à la France quand elle est en danger, il y avait de quoi reconstituer une armée formidable.

Si donc l'Empire n'eût point été renversé, la campagne se terminait par une paix qui ne nous eût pas coûté plus d'*un milliard* et qui aurait laissé intactes nos frontières et nos forces ; ou la guerre continuait avec des ressources et un ensemble qui nous auraient permis d'espérer la victoire.

Mais, du jour où l'Empire eut été remplacé par ce gouvernement sans principes et sans nom, qui nous décourageait en nous divisant, la France était perdue.

On dit qu'au moment où le roi de Prusse et Bismarck apprirent le renversement de l'Empire et la proclamation de la République, ils ne pouvaient croire la France capable d'un pareil suicide ; mais quand la nouvelle leur fut confirmée, ils s'écrièrent dans un transport de joie : « La France est à nous ! »

Ils avaient raison. Le crime de Septembre *triplait* leurs forces en même temps qu'il *paralysait* les nôtres.

On sait le reste. Le gouvernement de nos nouveaux maîtres n'a été qu'une suite de désastres où leur lâcheté le disputait à leur incapacité.

*
* *

Combien de temps la France les supportera-t-elle encore ?

Leur règne, hélas, n'a déjà que trop duré ; mais il touche à sa fin. Et, juste retour des choses d'ici-bas ! c'est ce même peuple, dont ils ont si longtemps exploité la crédulité, qui se chargera d'en débarrasser la France.

Voilà huit ans qu'ils le bernent des plus magnifiques promesses ! « Aussitôt qu'ils seraient au pouvoir toutes ses misères allaient cesser et toutes les sources de la prospérité s'ouvrir devant lui. » Voilà donc huit ans qu'ils mentent. Loin de diminuer, la misère du peuple ne fait que s'accroître, et les véritables sources de sa prospérité, l'ordre et la confiance, qui lui donnent du travail, menacent de se tarir.

Mais à la fin le peuple se fâchera,

En 1848, Louis Blanc ne demandait aux ateliers nationaux que trois mois de patience pour changer la France en un véritable Eldorado. Depuis huit ans, nos ouvriers attendent la *manne* que le ciel républicain devait faire pleuvoir sur eux et, comme sœur Anne, *ils ne voient rien venir*, si ce n'est le froid et la faim qui mettront le comble aux jouissances de leur foyer.

*
* *

Un auteur célèbre a dit que « les grandes pensées viennent du *cœur*. » Cela peut être vrai pour les poètes et les artistes ; quant aux masses, les *grandes pensées* leur viennent de l'*estomac*. Rien ne tient contre la faim : « Ventre affamé n'a pas d'oreilles. »

Le jour, qui est proche, où le peuple sera convaincu que la République ne peut rien pour lui, si ce n'est d'aggraver ses souffrances, vous le verrez se redresser terrible, et, nouveau Samson, secouer de ses bras nerveux les colonnes du temple de l'*opportunisme*, pour écraser sous ses débris les modernes Philistins qui l'auront réduit au désespoir.

C'est alors que les masses se prendront à regretter cet Empire qui, sans leur avoir rien promis, faisait tant pour elles, et cet Empereur qui considérait comme le premier de ses devoirs d'améliorer incessamment leur sort.

*
* *

N'entend-t-on pas déjà dans les ateliers des voix timides qui, se reportant par la pensée à quelques années en arrière, osent murmurer, non sans y [rencontrer d'écho , des paroles comme celles-ci :

« Sous l'autre, nos affaires allaient mieux ; la vie était moins chère, les salaires plus forts et le travail ne manquait jamais. Dans la poche de l'ouvrier, les pièces d'or étaient aussi communes que les pièces de vingt sous aujourd'hui.

« Quand nous étions malades, ou nos femmes, ou nos enfants, l'Empereur envoyait quelqu'un s'informer de nos besoins ; l'Impératrice venait souvent elle-même nous apporter des consolations et des secours, et, chaque année, de nouveaux établissements de bienfaisance se fondaient en faveur des classes laborieuses. Aujourd'hui, plus rien.

« M. Thiers a laissé, en mourant, une masse de millions à sa famille, qui déjà en regorgeait, et pas un sou à ceux qu'il appelait la *vile multitude*. Gambetta possède un hôtel, des rentes, les plus beaux chevaux de Paris ; il mange et digère bien, fume des cigares exquis ; quelle parcelle de sa fortune laisse-t-il tomber sur cette foule d'idiots qui l'acclament ?

« Des discours sonores, des blagues, en veux-tu, en voilà ? mais c'est tout. Du travail et du pain feraient mieux notre affaire.

« N'avez-vous pas vu dans les journaux que nos représentants républicains viennent de voter une subvention annuelle de *trois millions*, que le peuple payera, pour les chanteurs et les danseuses de cet Opéra qui n'est fait que pour le plaisir des riches, et dont l'entrée nous est interdite ; tandis que ces mêmes députés ont refusé une somme minime pour aider à détruire le *phylloxéra*, ce petit insecte communard, qui ronge les vignes et réduira bientôt la moitié des paysans de la France à la mendicité ?

« O mes amis ! faut-il que le peuple soit bête de se fier ainsi aux charlatans qui l'exploitent et de préférer toujours *Barrabas à Jésus !* »

*
* *

A ces réflexions si sensées, l'ouvrier pouvait en ajouter d'autres, non moins frappantes de justesse et de vérité.

Ainsi, les députés républicains n'ont-ils pas promis au peuple de dégrever les impôts qui pèsent principalement sur lui ? Comment ont-ils tenu leurs promesses ? En augmentant ces mêmes impôts dans des proportions effrayantes!

Ils ont ajouté à notre budget, déjà si lourd, pour plus de *un milliard* de taxes nouvelles qui frappent surtout les objets de première nécessité ; la viande, le poisson, le vin, les boissons alcooliques, les huiles, le sucre, les allumettes, etc.; et ni Gambetta, qui préside la commission des finances, ni aucun de ses amis n'ont trouvé le moyen de rejeter sur d'autres, une partie des charges qui accablent le peuple!

Quant ils l'ont renversé, l'Empire, qui avait déjà supprimé l'impôt sur les loyers des ouvriers, allait diminuer de moitié les droits d'octroi, en attendant qu'il pût les abolir tout à fait. Mais l'Empire est tombé, et ceux dont il s'occupait sans cesse d'alléger les charges ont été les premiers à applaudir à sa chute !

C'est cependant ce même peuple que ses flatteurs appellent le plus *spirituel* de l'univers !

*
* *

Sous l'Empire, le budget annuel de la France ne s'élevait pas au delà de *un milliard huit cents millions*, même aux époques de nos guerres *victorieuses* de Crimée et d'Italie. Aujourd'hui, sous le poids de nos *défaites* et de nos *hontes*, le budget dépasse *trois milliards !* et nous avons deux riches provinces de moins pour nous aider à les payer !

Vous croyez peut-être que ces charges accablantes effrayent nos députés républicains ! Que vous les connaissez mal ! Le budget n'est-il pas aujourd'hui leur propriété ? Ne sont-ils pas seuls à puiser dans ce réservoir immense de la fortune publique ? Plus il est grand, plus est forte la part qui en revient à chacun.

Ils ne se préoccupent que d'une chose : *équilibrer* les ressources avec les dépenses! et quand cet équilibre est trouvé, ils s'écrient en se frottant les mains : « Voyez, contribuables, à quel point nous sommes habiles ! Grâce à nos fautes passées et à nos prodigalités présentes, il nous faut *trois milliards* et *quelques centaines de millions* pour couvrir nos dépenses annuelles : or, les impôts que nous avons su maintenir ou créer égalent exactement cette somme !

Applaudissez , citoyens, *plaudite cives* , et montons ensemble au Capitole pour rendre grâce au dieu *Plutus* d'avoir trouvé chez les républicains de si intelligents, de si fervents adorateurs ! »

*
* *

Sans doute il fallait payer nos malheurs ; mais n'était-il pas juste de les faire payer, d'abord, par ceux qui les ont causés ? Les J. Favre, les Thiers, les Crémieux, les Garnier-Pagès, les Gambetta, et ces orléanistes qui se cachent dans une peau de républicain ; tous ces gens-là sont riches ou se sont enrichis de nos dépouilles ; pourquoi ne pas faire peser sur eux une partie du fardeau qu'ils ont jeté sur nos épaules?

C'eût été d'un bon exemple, le seul moyen peut-être de les empêcher de recommencer et d'en finir plus vite avec la République.

Car, malgré toutes les calamités que ce fatal régime a déchaînées sur nous, il ne faut pas croire qu'il soit au bout de son rouleau ! Nous n'en verrons la fin qu'après avoir passé par les douceurs d'une nouvelle Commune. Mais alors il sera facile de prédire le jour où nous en serons délivrés.

Si la première a duré deux mois et demi, ce fut grâce à la couardise de M. Thiers qui, au lieu de lui faire tête, s'enfuit à toutes jambes, abandonnant à l'émeute une ville immense avec ses remparts et ses forts, avec cet amas d'armes et de munitions que les besoins du siége y avaient entassées. Sans cet acte de lâcheté, la Commune n'en avait pas pour deux jours.

Mettons que la nouvelle dure trois mois; c'est

tout le bout du monde. Une nation pas plus qu'un homme ne saurait résister longtemps à d'aussi violents accès de frénésie; mais, une fois par terre, l'expérience sera complète et la France, espérons-le, en sera débarrassée *ad vitam æternam.*

Amen !

*
* *

Ce serait se tromper étrangement de croire que, sous le règne de M. Thiers, nous avions la *vraie* république. Ce petit homme gouvernait en roi, en *roitelet*, si vous aimez mieux, avec les mêmes lois, les mêmes procédés, presque les mêmes hommes.

Il en a été ainsi sous le Maréchal de Mac-Mahon, jusqu'à son récent effacement. Le pays voyait en lui un Empereur au petit pied, et il n'est pas bien sûr que, grâce aux flatteries de son entourage, il ne se soit pris pour tel dans les commencements.

Ce n'est que depuis un an que nous nous approchons de la *vraie* république, mais nous n'y sommes pas encore. Nous n'y serons que dans un mois, quand le Sénat, régénéré par les prochaines élections, se confondra avec la Chambre des députés, au point de ne former qu'une seule assemblée, à l'image de la grande Convention nationale.

Alors, mais seulement alors, les beaux jours de 93 seront revenus ; alors nous verrons les nouveaux Jacobins à l'œuvre, et, s'ils sont dignes de leurs glorieux prédécesseurs, gare aux nobles, aux prêtres, aux bourgeois, aux banquiers et commerçants enrichis ; gare aux conservateurs de toutes couleurs, à commencer par les républicains modérés ; gare surtout aux *opportunistes* et à leur illustre chef ! Il y a tout à parier que les *frères et amis* en feront leurs premières victimes, *et ce sera justice*, comme on dit au *Palais* !

*
* *

Mais c'est alors aussi que la *vraie* république sera près de sa chute. Car, il ne faut pas nous faire d'illusion, la République ne périt jamais que par la main des républicains. Le jour où ils en sont complétement les maîtres, leur première opération est de l'égorger, après lui avoir fait litière des cadavres de ses meilleurs amis ou avec ce fumier sur lequel nos communards, réfugiés à Genève, souhaitaient dernièrement de voir étendu Gambetta.

Cette issue est fatale. Que voulez-vous que devienne un gouvernement qui n'en est pas un, où tout le monde commande et personne n'obéit, dont les doctrines anti-religieuses et anti-sociales

révoltent la conscience humaine et soulèvent le
cœur de tous les honnêtes gens ; qui se met à
dos, en les insultant ou en les proscrivant, tous
ceux qui ont dans le monde, autorité, force, con-
sidération, influence ? N'est-ce pas déjà prodi-
gieux qu'un pareil régime ait pu s'établir ?

* *
*

Et comme si tant d'ennemis ne suffisaient pas
pour le renverser, ses propres amis, au lieu de
le soutenir, seront bientôt les plus ardents à
l'accabler !

Car enfin, comment satisfera-t-il l'avidité de
tant de républicains qui n'ont vu, dans cette
forme de gouvernement, qu'un moyen de se caser
ou de s'enrichir ? Ne sait-on pas qu'un de leurs
dogmes fondamentaux, qui exprime si bien leur
désintéressement, se résume dans cet axiome:
« Ote-toi de là que je m'y mette. »

Or, quel que soit le nombre des emplois dont
le gouvernement dispose, il est loin d'égaler
celui des républicains qui y aspirent. Pour chaque place de ministre, de secrétaire d'Etat, de
sénateur, de député, de directeur, de chef ou
sous-chef de bureau, de préfet ou de sous-préfet,
de trésorier général ou particulier, d'inspecteur
ou receveur, de président de cour ou de simple

juge de paix, ne compte-t-on pas au moins *vingt* postulants, tous également convaincus de la supériorité de leurs titres sur ceux de leurs concurrents ?

Mais, sur ces vingt, un seul peut être nommé. Que deviendront alors les *dix-neuf* qui n'auront rien obtenu ? Ils deviendront mécontents, ennemis jurés d'un régime qui a méconnu leurs droits ; et, comme les républicains savent mieux que personne la manière de renverser les gouvernements, ces évincés culbuteront la république avec non moins de bonheur que si c'était une simple monarchie.

« Sans argent, point de suisse, » dit le proverbe. « Sans emplois lucratifs, point de républicains ». Tel est le cri par lequel nos modernes Jacobins ont remplacé celui de leurs pères en 93 : « La République ou la mort ! »

*
* *

Contre tant de causes qui menacent la République d'une fin prochaine, que peuvent ceux qui s'en sont constitués les gardiens et les chefs ? Pénétrés de cette pensée de M. Thiers, que la République *sera conservatrice ou ne sera pas*, espèrent-ils la maintenir longtemps encore dans la voie de la modération ?

Mais, n'est-ce pas se faire la plus étrange illusion que d'espérer trouver, parmi les *vrais républicains*, des *modérés* et des *conservateurs*? Est-ce que ceux qui se disent tels sont autre chose que d'anciens libéraux ou des orléanistes déguisés qui, par peur de la vraie République, ont pris son masque pour se faire nommer à l'une des deux Chambres?

Les vrais républicains sont ceux qui les ont élus, non pour avoir une République à l'eau de rose, mais une République conforme au programme de Belleville, de Lyon, de Marseille telle que la réclament tous ces journaux radicaux qui inondent la France.

C'est en vain que nos libéraux conservateurs prétendent enrayer le char de la République en s'attelant par derrière ! Rien ne saurait l'arrêter sur la pente où ils l'ont lancé les premiers.

*
* *

Tout le monde sait l'étroite filiation qui relie les libéraux aux républicains et ceux-ci aux radicaux extrêmes. Est-ce que les Lafayette, les Barrot, les d'Haussonville n'ont pas enfanté les Jules Favre, les Crémieux, les Gambetta, comme ceux-ci ont produit les Pyat, les Vermerch, les Rigault, les Rochefort, les communards de la pire espèce ?

Est-il possible d'en douter quand on connaît le rigoureux enchaînement de leurs doctrines, et quand on les a vus marcher si étroitement unis dans toutes les crises révolutionnaires? Dès que le Libéralisme a sapé le principe d'autorité , arrive la République qui renverse les trônes, puis vient le Radicalisme qui décrète l'abolition du pouvoir, de la religion, de la magistrature, de l'armée, de la famille, de la propriété, de l'hérédité ; en un mot, de toutes les bases sur lesquelles reposent les sociétés humaines.

Vous nous direz peut-être : « Les radicaux ne sont encore qu'une infime minorité en France! » Qu'en savez-vous? Sur les *quatre millions* d'électeurs qui ont voté, l'année dernière, pour des députés républicains, plus de *deux millions* appartenaient au parti radical, et leur nombre est allé chaque jour en augmentant. Témoin les élections partielles qui ont eu lieu depuis sur différents points de la France et qui ont fait, presque partout, triompher les candidats les plus avancés.

Le progrès de la République rouge est tel dans les populations que, si des élections générales se faisaient aujourd'hui, les radicaux occuperaient plus des trois quarts des siéges de la Chambre.

*
* *

Les paysans eux-mêmes seront les premiers à céder au torrent. Du moment qu'on leur aura fait croire qu'il n'y a plus d'autre gouvernement possible que la République, soyez bien convaincus que, parmi les candidats républicains, ils choisiront les plus rouges : les *partageux* et les communards.

Ne les avons-nous pas vus à l'œuvre en 1848 quand ils accouraient en troupes dans les villes et les châteaux, avec des sacs et des brouettes, pour emporter leur part du butin ? La République n'était alors pour eux que ce qu'elle sera demain : le pillage de ceux qui *ont trop* au profit de ceux qui *n'ont pas assez !*

Qui oserait prétendre que les ouvriers des faubourgs de Paris, de Lyon, de Marseille, de Bordeaux, de tous les grands centres industriels, pensent autrement que les paysans ? Allez donc leur prêcher la nécessité d'un gouvernement *conservateur* et *modéré !* ils vous riront au nez, en vous disant: « Qu'avons-nous à conserver ? » et si, aujourd'hui, l'illustre Gambetta, lui-même, osait se rendre à Belleville pour y vanter les avantages de son *opportunisme*, soyez surs qu'il y serait accueilli au cri de : « A la lanterne », et devrait s'estimer fort heureux si ses anciens amis ne l'y accrochaient pas !

*
* *

Le bruit court que ce grand homme d'Etat se décide enfin à prendre ostensiblement les rênes du gouvernement qu'il n'avait jusqu'ici dirigé qu'en se cachant derrière la toile. Tant mieux ! nous en serons plus vite débarrassés. Dès que l'homme aux beaux discours sera devenu un homme d'action, dès qu'il aura passé de la théorie à la pratique, il aura bientôt donné sa mesure ; et nous serions fort surpris si, de cette grosse outre, pleine de vent, il sortait autre chose que des tempêtes.

Son règne finira au moment même où ses amis annoncent qu'il va commencer, et, avec son règne, finira également celui de toute cette séquelle du 4 Septembre, qui a fait tant de mal à la France.

Depuis qu'ils sont au pouvoir, ces hommes néfastes nous ont montré ce qu'ils sont et ce qu'ils peuvent. Ils n'ont cessé de creuser, entre eux et la nation, un fossé qui va chaque jour s'élargissant et qui bientôt les engloutira tous, en vertu du proverbe : « Au bout du fossé la culbute. »

*
* *

Pour juger exactement du sort qui leur est réservé, ne nous fions pas trop aux apparences présentes; rappelons-nous Marat et sa prodigieuse popularité.

Si Gambetta est acclamé par certaines foules qu'enflamment ses discours; si des jeunes filles lui tressent des couronnes et brodent, sur la soie, son image vénérée ; si sa mère ose se comparer à celle des *Gracques* et son père, aux grands bienfaiteurs de la patrie, pour lui avoir donné un tel fils, Marat n'a-t-il pas été l'objet de manifestations plus extravagantes encore? Aux yeux des tricoteuses et des hurleuses de la guillotine, Marat était plus qu'un *Saint*, c'était un *Dieu* qui avait son culte, ses autels, ses adorateurs.

Quelques mois après sa mort, les mêmes foules qui lui avaient décerné l'apothéose et porté son corps au Panthéon, l'en arrachaient pour le jeter au fond d'un égout !

Sic transit gloria mundi. Ainsi finissent les tribuns révolutionnaires.

V

La République devant l'Etranger.

Pour ménager notre orgueil national, nous nous garderons d'insister sur le misérable rôle que nos républicains ont fait jouer à la France

devant l'étranger. On n'a jamais rien vu de p
plat, de plus piteux.

Rappelez-vous à quel degré d'abaissement
leurs journaux étaient descendus pendant la
dernière période électorale ! Leur principal
argument, pour écarter du scrutin les honnêtes
gens et assurer le triomphe de leurs candidats,
n'a-t-il pas été la peur de mécontenter Bismarck
et Garibaldi, de nous exposer à une guerre avec
l'Allemagne et l'Italie ?

*
* *

Mais leur vrai triomphe a été au Congrès de
Berlin. La France n'oubliera jamais la *fière*
attitude de son ministre dans ce Congrès où,
pour la première fois, la République était appe-
lée à siéger avec les puissances !

Qu'allait-il faire dans cette galère ? Il y allait
accomplir une besogne dont aucun ministre
vraiment français n'aurait voulu se charger : il
allait ratifier le partage des dépouilles de notre
plus ancienne alliée, la Turquie, et déchirer les
derniers articles du glorieux traité de 1856, que
la France victorieuse avait imposé à ses ennemis
vaincus !

Il allait pour dire aux Russes : « Vous voulez
la Bulgarie, la Bessarabie, une partie de l'Asie
Mineure ? Prenez, ne vous gênez pas. »

Aux Anglais : « Vous vous êtes déjà emparés du protectorat de l'Egypte au détriment de la France, joignez-y celui de l'Arménie et de la Syrie ; et, comme l'île de Chypre, qui domine les mers voisines de Constantinople, est à votre convenance, je trouve tout simple que vous l'occupiez ! »

A l'Autriche : « La Bosnie et l'Herzégovine peuvent ajouter *trois* à *quatre* millions de sujets à votre empire ; n'hésitez pas à les y réunir. »

Enfin, à la Serbie, au Monténégro, à la Grèce : « Agrandissez-vous aux dépens de cette malheureuse Turquie qui a eu le tort de se laisser battre et de compter, comme par le passé, sur la vieille épée de la France. Cette épée ne sortira jamais du fourreau tant qu'elle aura l'honneur de rester au flanc généreux de la République ! »

« La France ne désire qu'une chose : la paix, la paix à tout prix. Elle ne demande rien pour elle. A quoi lui servirait un agrandissement de territoire ? Elle en a déjà trop.

« Est-ce qu'un des premiers ambassadeurs de la République, le citoyen Sénard, n'a pas offert à Victor-Emmanuel la restitution de Nice et de la Savoie ! Est-ce que les frères Picard et le savant Vitet, l'ami de M. Thiers, n'ont pas hautement déclaré que : « *en perdant l'Alsace et la Lorraine*, la France n'avait pas payé trop cher l'avantage d'être débarrassée de cet odieux Empire, qui les lui aurait conservées ! »

Ainsi a dû parler M. Wadington au Congrès de Berlin, si l'on en juge d'après les résultats de sa mission et l'apologie qu'il vient d'en faire devant le Sénat, aux grands applaudissements des gauches.

Ombres illustres de Richelieu, de Mazarin, de Louvois ! comme vous avez dû bondir d'indignation, en apprenant de quelle étrange façon cette noble France est aujourd'hui représentée devant les nations rivales !

* *
*

Mais ce qui est peut-être plus piteux encore, parce qu'ici l'hypocrisie se joint à la lâcheté, c'est l'attitude de nos républicains en présence des nombreux régicides qui viennent d'épouvanter l'Europe.

Leurs pères, les tueurs de rois de 93, qui avaient déifié Brutus et Scœvola, se seraient empressés d'envoyer leurs félicitations aux assassins de Guillaume, d'Alphonse et d'Humbert ! Nos révolutionnaires, ceux de la *Marseillaise* aussi bien que ceux du *Rappel* et de la *République française*, n'ont eu pour ces héros que des paroles de blâme !

Ils avaient cependant l'exemple de leur ami

Garibaldi, qui, lui, du moins, a eu le courage de son opinion, en déclarant hautement que les *souverains*, par leurs *détestables gouvernements*, sont les *premiers coupables* des attentats dirigés contre leur personne !

Peut-être nos révolutionnaires ont-ils pensé qu'en blâmant le régicide, tout en conservant dans le ministère un des leurs qui a crié le plus fort : « Mort aux tyrans », ils satisferaient, à la fois, les *souverains* dont ils ont peur, et les *frères et amis* qui commencent à les accuser de trahir la cause des peuples !

Ceci serait plus que du machiavélisme, ce serait de l'*opportunisme* élevé à la troisième puissance !

*
* *

Nous venons de voir ce qu'est, ce qu'a été, ce que sera la vraie *République ;* passons à l'*Empire.*

CHAPITRE II

L'EMPIRE

Qu'est-ce que l'Empire ?

Qu'a-t-il fait ?

Que fera-t-il pour la France ?

I

Qu'est-ce que l'Empire ?

L'Empire est le gouvernement d'un *seul*, nommé par la volonté du peuple pour administrer la France dans l'intérêt de *tous*, particulièrement des classes les plus nombreuses et les plus pauvres.

C'est l'unité de vues, de puissance et d'action, employée au profit de l'ordre et de la prospérité nationale.

C'est la *Démocratie* dans tout ce qu'elle a de plus complet, concentrée et couronnée dans un seul homme, qui n'a de pouvoir que par elle et ne doit s'en servir que pour elle, en se conformant toujours à sa volonté souveraine.

*
* *

Toute nation qui a voulu vivre, se développer et accomplir de grandes choses s'est empressée de se donner cette forme de gouvernement ou une forme analogue. Elle a son type dans le gouvernement du monde où règne une si parfaite harmonie dans les êtres divers qui le composent, parce que tous sont régis par une seule et même volonté.

C'est le gouvernement que la France s'est donné quand elle a voulu sortir de l'anarchie de ses deux premières Républiques. C'est à ce gouvernement qu'elle va revenir aussitôt qu'elle en aura assez de la triste comédie que jouent devant elle ces hâbleurs qui l'exploitent aujourd'hui.

*
* *

« La nation est souveraine, a dit Napoléon Ier, et il n'y a de souverain durable que celui qu'elle veut. »

La nation a-t-elle voulu les hommes de Septembre? L'ont-ils consultée? Où est le plébiscite qui leur a conféré le pouvoir ou ratifié leur usurpation?

« Un prince, a dit encore Napoléon, n'est que le premier citoyen de l'État. Son autorité est plus ou moins étendue, selon l'intérêt de la nation qu'il gouverne ; la *souveraineté* elle-même n'est *héréditaire* que parce que l'intérêt du peuple l'exige. Hors de ces principes, je ne connais pas de légitimité. »

Comparez ces paroles si justes et si nettes avec les mystiques théories de droit divin qui s'étalent dans les lettres du comte de Chambord, et dites de quel côté est la vérité.

II

D'où est sorti l'Empire et qu'a-t-il produit ?

A ces questions nous répondrons comme nous l'avons fait, il y a trois ans, dans une brochure qui devait paraître sous le titre de : *le Réveil de la France*, mais que le *garde des sceaux* d'alors, M. Dufaure, qui les *garde* encore, a fait saisir et dont l'auteur a été condamné à l'amende et à la prison.

⁎ ⁎

Rappelons-nous dans quelle situation se trouvait la France au moment où le premier Napoléon lui apporta le salut :

3

Pendant huit ans, elle avait passé par toutes les alternatives de la tyrannie et de la licence, de la victoire et de la défaite, subissant le scandale des plus honteuses corruptions et donnant au monde l'exemple des plus héroïques vertus, luttant contre l'Europe entière, en même temps qu'elle déchirait ses entrailles et buvait le sang de ses enfants; ne sortant, enfin, des plus affreuses convulsions que pour retomber dans le plus profond abattement!

Ce régime, dont la République du 4 Septembre nous a donné, moins la grandeur, la triste répétition, avait réduit la France au désespoir.

*
* *

Elle cherchait de toutes parts une main ferme pour la tirer de l'abîme ; mais, moins heureuse qu'aujourd'hui, elle ignorait alors et l'homme et les institutions qui pouvaient la sauver.

Elle rêvait d'un soldat qui, nourri des principes de la Révolution, réunirait au prestige de la victoire et à l'autorité du commandement, le génie de l'organisateur et les talents de l'administrateur. Elle le trouva dans le vainqueur de Toulon et des fédérés de Vendémiaire, dans le héros de Rivoli et des Pyramides, dans l'organisateur de l'Italie et le négociateur du traité de Campo-Formio.

A peine eut-elle appris son retour d'Egypte, qu'elle se précipita dans ses bras, le suppliant de la sauver d'elle-même et des bavards impuissants qui la laissaient périr.

Dès ce moment la révolution du 18 Brumaire était faite. En arrivant à Paris, Napoléon n'eut qu'à souffler sur le Directoire et les assemblées pour les voir disparaître.

CHAPITRE III

Le premier Empire.

La tâche du héros sauveur était immense :
de l'ancienne société il ne restait que des ruines et la nouvelle était à peine ébauchée. Il fallait reconstituer, à la fois, le gouvernement, l'administration, les lois, la justice, la religion,
l'instruction, l'armée, la marine, la police, les
finances, le crédit public, l'industrie, le commerce et rouvrir les portes de la France à tous
ses enfants que les discordes civiles en avaient
expulsés !

Quelques semaines suffirent pour préparer les
éléments de cette œuvre gigantesque et les sou-
mettre à l'assentiment national dans la célèbre
constitution de l'an VIII, qui a servi de base à
toutes nos constitutions ultérieures.

Cependant tout n'était pas fini. Cette France que le génie venait de ressusciter et d'animer d'une vie nouvelle, était menacée, dans son existence même, par un ennemi victorieux qui s'apprêtait à l'envahir.

Le péril était imminent. Napoléon réunit les débris de nos armées, se mit à leur tête, franchit les Alpes, tomba comme la foudre sur l'armée autrichienne dans les plaines de Marengo, la défit, lui arracha l'Italie et couronna cette immortelle victoire par le traité de Lunéville qui replaça la France à la tête des nations.

*
* *

Les trop courtes années de paix qui suivirent furent les plus belles et les plus fécondes de notre histoire. Napoléon les consacra à l'achèvement et au perfectionnement de l'édifice social dont il n'avait pu, d'abord, que jeter les fondements.

C'est à cette époque, à jamais mémorable, que remontent toutes les grandes institutions qui ont fait la France si puissante et si glorieuse, et qui ont résisté à toutes les tempêtes révolutionnaires :

Le *Concordat*, qui, en rétablissant le culte catholique, a réconcilié la France avec la Papauté et rendu le clergé à sa mission divine;

Le *Code civil*, dont les articles, tous fondés sur l'égalité, tracent à chaque citoyen ses droits et ses devoirs dans les différentes circonstances de la vie;

La *Magistrature*, chargée de rendre la justice en appliquant les lois; le *Conseil d'Etat*, qui les prépare, le *Corps législatif* et le *Sénat*, qui les discutent et les votent; enfin, le *Gouvernement*, avec sa vigoureuse *administration*, qui doit les publier et les faire exécuter jusque dans le dernier hameau;

La *Police* et la *Gendarmerie*, qui maintiennent partout la sécurité en surveillant et en arrêtant les coupables;

La réorganisation de l'*Enseignement public* sur les principes de la science, de la discipline, de la religion, qui sont les bases mêmes de cette illustre *Université de France* dont la mission est de répandre l'instruction nationale, à tous les degrés, dans toutes les classes de la société;

Le nouveau système de nos *Impôts,* fondés sur l'équité, proportionnés aux ressources des contribuables ainsi qu'aux besoins de l'État, et administrés selon les règles de la plus rigoureuse comptabilité.

La *Banque de France*, destinée à fournir au commerce et à l'industrie les capitaux qui leur manquent, et qui a tant contribué à sauver le pays des crises terribles qu'il a traversées;

La vigoureuse impulsion donnée aux *Travaux d'utilité publique* ; l'assainissement et les embellissements des villes, le rétablissement de nos routes défoncées, la création de nouvelles voies de communication, de nouveaux ports de guerre et de commerce, et de ces nombreux canaux qui transportent, à bas prix, les produits de l'agriculture et de l'industrie sur tous les points de la France ;

La reconstitution de notre *Armée* dans des conditions qui en ont fait la première du monde, et la résurrection de notre *Marine* sur le pied le plus formidable;

La *pacification* de la Vendée et la *fusion* de tous les anciens partis dans le grand parti national;

Enfin, la création de cette *Légion d'honneur*, dont l'étoile brille d'un si glorieux éclat sur la poitrine des hommes de cœur et de talent, et qui a enfanté tant de prodiges de dévouement et de patriotisme !

*
* *

Quatre années ont suffi pour fonder et mettre en vigueur ces grandes institutions. Elles étaient si bien adaptées au génie de la France nouvelle, que pas une n'a été ébranlée ni par le temps, ni par les efforts des partis, et que tous les gouvernements qui se sont succédé, depuis la Restauration jusqu'à cette République qui voudrait les anéantir, n'ont pu vivre que par elles.

Témoins de tant de merveilles, accomplies avec une telle promptitude et une telle sûreté de coup d'œil, comment nos pères n'auraient-ils pas été transportés d'admiration? et quoi d'étonnant qu'ils aient successivement agrandi le pouvoir du génie qui en faisait un si merveilleux usage?

En le nommant *Consul pour dix ans*, puis *Consul à vie*, puis *Empereur héréditaire*, la nation n'obéissait pas moins à la voix de ses intérêts qu'à l'élan de sa reconnaissance. Qui pouvait mieux que le grand homme et ses descendants défendre et perfectionner son œuvre?

✻
✻ ✻

Napoléon avait raison de hâter la réorganisation de la France. En purifiant la Révolution de ses souillures et en prouvant au monde nonseulement qu'elle était compatible avec l'ordre, mais qu'elle pouvait, mieux encore que l'ancien régime, enfanter la prospérité et la grandeur d'un peuple, il avait mis le comble à la haine de ses ennemis. Pendant que ceux de l'intérieur épuisaient lâchement contre lui toutes les formes de l'assassinat, les puissances étrangères ne cessaient d'ourdir de nouvelles coalitions pour l'écraser ainsi que les principes de 89, incarnés dans sa personne.

Mais il n'était pas homme à se laisser surprendre. Tout en travaillant à la réédification de la France, il n'avait rien négligé pour mettre son armée en état de tenir tête à l'Europe entière.

Il la destinait, d'abord, à frapper un grand coup sur l'Angleterre, qui venait de rompre la paix d'Amiens et avait été l'âme de toutes les coalitions précédentes. On sait pourquoi cette armée se retourna subitement contre l'Autriche et la Russie, et de quelle gloire elle se couvrit sous les rayons du soleil d'Austerlitz.

*
* *

A partir de ce moment jusqu'à la douloureuse catastrophe de Waterloo, la vie de la France et de son chef ne fut plus qu'une lutte incessante, sur un champ de bataille qui s'étendait d'un bout de l'Europe à l'autre.

Malgré les prodigieuses victoires qui ont illustré notre armée, elle finit par succomber;

3.

mais les principes qui s'échappaient des plis de
son glorieux drapeau avaient été semés partout
sur ses pas, et, quand nos ennemis se croyaient
complétement vainqueurs, ils s'aperçurent, avec
effroi, qu'ils étaient soumis aux idées de la
France plus encore qu'ils ne l'avaient été à sa
redoutable épée !

* *
*

La chute de Napoléon, son martyre et sa mort
sur un rocher lointain ont mis le comble au
prestige de sa vie. Le jour où ses restes mortels
furent rendus à cette France qu'il *avait tant
aimée*, elle les accueillit avec de tels transports
que jamais triomphe n'égala la gloire de ce
convoi funèbre.

Vainement les partis se sont efforcés de flétrir
ce grand nom; leurs calomnies n'ont servi qu'à
le graver plus profondément dans le cœur du
pays. Désormais, l'identification de Napoléon et
de la France est complète. Ainsi qu'il le disait à
son retour de l'île d'Elbe, en s'adressant au peuple et aux soldats : « Mon existence ne se compose que de la vôtre; mon intérêt, mon honneur,
ma gloire ne sont autres que votre intérêt,
votre honneur et votre gloire. »

CHAPITRE IV

Le deuxième Empire.

Cette union merveilleuse d'un grand homme
et d'un grand peuple a résisté à tous les événements ; elle s'est maintenue et se maintiendra
dans la dynastie impériale tant que celle-ci se
montrera digne de la mission que lui a léguée
son immortel fondateur.

C'est ainsi, du reste, que l'entend la France.
Elle l'a bien prouvé en 1848 ; aussitôt qu'elle fut
libre de choisir son chef, elle tourna ses regards
vers l'héritier de Napoléon. Tous les efforts du
gouvernement d'alors, réunis à ceux des ennemis de l'Empire, furent impuissants contre l'en-
traînement national.

Et, voyez à quel point l'instinct du pays le guida
sûrement ! Ce que Napoléon Ier n'avait pu accom-

plir dans la voie du progrès et de la liberté, où ses guerres perpétuelles ne lui avaient pas permis d'appliquer son génie, Napoléon III le réalisa au delà de toute espérance. Le premier avait fait de la France la plus glorieuse et la plus puissante des nations ; le second l'a rendue la plus riche et la plus heureuse !

*
* *

Ce qu'il a fait, en dix-huit ans, pour rétablir l'ordre et la sécurité ; pour protéger les intérêts de la religion, de la propriété, du travail ; pour encourager la science, l'art, l'agriculture, l'industrie, le commerce ; pour multiplier et perfectionner toutes les voies de communication ; pour assainir et embellir les villes ; pour émanciper les classes laborieuses, améliorer leur sort, mettre l'instruction et le bien-être à leur portée ; ce qu'il a fait pour l'armée et la marine ; tout cela est incalculable. Vingt autres règnes n'en auraient point fait autant !

Cette fameuse *poule au pot* qu'Henri IV ne pouvait que souhaiter aux prolétaires de son temps, Napoléon III la leur donna (et, comme le disait Proudhon dans son énergique langage, « il fit pour *le peuple* ce que les flatteurs du peuple se contentaient de *blaguer.* »

Pour avoir été moins éblouissante que celle de l'oncle, la gloire du neveu n'en sera donc ni moins durable, ni moins chère à la France.

Ce qui achève le parallèle entre nos deux Empereurs, c'est que tous deux sont tombés sur un champ de bataille en défendant la patrie contre l'étranger, victimes des traîtres qui faisaient cause commune avec l'ennemi ; tous deux sont morts en exil dans de cruelles souffrances, en pensant à la France, en n'exprimant qu'un regret, celui de n'avoir pas assez fait pour elle.

*
* *

Et la France pourrait oublier ces deux grandes mémoires ! Et leurs détracteurs prétendent que le prestige du nom de Napoléon a disparu !

Ils ont eu, cependant, un moyen facile de se désabuser. Que n'allaient-ils aux Invalides, pendant l'Exposition ? Ils y auraient vu, chaque jour, *douze* ou *quinze mille Français* de tous nos départements se presser sous le Dôme pour saluer celui qui y dort dans son cercueil de porphire ; et en comparant ces foules avec la morne solitude qui entoure les tombeaux des héros de la République, les Thiers, les Ledru-Rollin, les Delescluze, les Cavaignac, ils auraient pu juger de quel côté se tournent encore les regrets et les sympathies du pays.

CHAPITRE V

Le troisième Empire.

Quel sera son programme ?

Inutile de le lui demander. Ce programme n'est-il pas inscrit dans la devise des Napoléons ? « Tout pour le peuple et par le peuple !

Que pourrait aujourd'hui promettre et que pourra vouloir l'héritier des deux Empereurs, quand la France l'aura rappelé, sinon de se conformer aux vœux de la nation ? Puisque l'Empire ne peut revenir que par la volonté du pays, n'est-ce pas au pays lui-même qu'il appartient de lui tracer sa voie et de l'y maintenir ?

Aussitôt que le peuple souverain aura parlé, le nouvel Empire n'aura qu'à s'incliner et à dire : « Seigneur, que votre volonté soit faite. »

Au reste, le programme d'un gouvernement n'est pas dans ses promesses; les républicains nous l'ont bien fait voir! son véritable programme, le seul qui ne mente pas, se trouve gravé dans l'histoire de son passé. Ce qu'il a été, il le sera ; ce qu'il a fait, il le fera encore.

*
* *

Nous avons vu ce qu'ont fait les deux premiers Empires; le troisième ne pourra que marcher sur leurs traces.

La France attend de lui, avec la fin de ses discordes civiles et des proscriptions de la République, le rétablissement d'un gouvernement fort et durable, qui rassure tous ses intérêts, lui rende sa prospérité perdue, allége le poids des impôts qui l'écrasent, la relève aux yeux de l'Europe, lui permette de renouer ses alliances, de ne plus trembler au moindre froncement de sourcils d'un major prussien, et de pouvoir espérer, sinon sa revanche sur les champs de bataille, du moins le retour pacifique de ces provinces que l'incapacité et la lâcheté de nos Septembriseurs ont livrées à l'ennemi.

Cette tâche, impossible à tout autre Gouvernement, serait facile à celui qui tiendrait ses pouvoirs de la volonté nationale.

Et qu'on ne vienne pas nous dire que le nouvel Empire serait un gouvernement d'*exclusion*, de *vengeance* ?

Un des grands résultats de l'établissement des deux premiers Empires n'a-t-il pas été la suppression de tous les partis et la proclamation solennelle de l'oubli des injures? Tous deux ne se sont-ils pas fait un devoir d'appeler à eux toutes les illustrations, toutes les capacités de la France, sans s'enquérir de leur passé ? Pourquoi le troisième ne suivrait-il pas les mêmes errements? Il voudrait s'en écarter, que son origine et ses traditions le forceraient d'y rentrer !

CHAPITRE VI

Causes de la Chute de l'Empire.

Comment expliquer qu'un gouvernement, qui avait tant fait pour les masses et dont un nouveau plébiscite venait de retremper la popularité, ait été si promptement et si facilement renversé?

Le second Empire doit sa chute à *quatre* causes principales :

L'établissement du *parlementarisme;*

Les *intrigues* de M. Thiers et de ses complices du 4 Septembre ;

La *faiblesse*, pour ne rien dire de plus, de ceux qui, en l'absence de l'Empereur, étaient chargés de défendre l'Empire.

Les *mensonges* de ceux qui l'ont renversé.

I

Le parlementarisme

La première cause de la chute de l'Empire, et qui fut aussi la faute capitale de Napoléon III, a été de se dépouiller, en faveur des Chambres, de l'autorité suprême qu'il tenait de la nation.

Rien ne résiste, en France, à l'action dissolvante du gouvernement parlementaire. La chute des deux Restaurations, de Louis-Philippe, de la seconde République, et la prochaine culbute de celle qui nous régit, en sont des preuves irrécusables.

Du jour où un avocat maudit est venu annoncer aux Chambres le funeste présent de l'Empereur, l'Empire était fini ; il s'était donné lui-même le coup de la mort.

Personne ne s'en montra plus heureux que M. Thiers ; aussi, avec quelle joie s'écriait-il, du haut de la tribune, en désignant du doigt les ministres parlementaires : « Je vois mes idées assises sur ces bancs ! »

II

Les intrigues de M. Thiers

A partir de ce moment, ses intrigues redoublèrent. Les communications entre son hôtel de la place Saint-Georges et la rue de la Sourdière, où les Jules Favre, les Jules Simon, les Crémieux, les Gambetta et consorts complotaient le renversement du Trône, devinrent chaque jour plus fréquentes, jusqu'à cette nuit fatale du 3 au 4 Septembre, pendant laquelle toutes les mesures furent définitivement arrêtées, les rôles distribués et la part de chacun fixée dans les dépouilles de l'Empire.

*
* *

M. Thiers n'était pas assez sot pour accepter, même le premier rang, dans cette collection de vaniteux incapables, qui allaient étourdiment se charger du fardeau du pouvoir au milieu des terribles difficultés de la situation, et Trochu avait une trop haute opinion de lui-même pour ne pas le réclamer.

Le vieux renard se fit donner une mission plus patriotique, plus noble en apparence et qui finit par être la plus ridicule. Malgré son grand âge et la rigueur de la saison, il s'offrit à visiter tous les *souverains* de l'Europe pour les engager à secourir la France qui venait de renverser le *sien* et de se mettre en *République!*

Partout on l'accueillit avec une politesse ostensible ; mais partout aussi on l'éconduisit comme il méritait de l'être. Il se garda bien d'en rien dire à la France quand il y rentra les mains vides; et la France, qui eut la simplicité de croire à son patriotique dévouement, l'en récompensa en réalisant le rêve de toute sa vie; c'est-à-dire, en élevant au rang suprême l'habile intrigant qui avait été la principale cause de ses malheurs.

III

La faiblesse des défenseurs de l'Empire

Cependant, malgré les roueries de M. Thiers et de ses complices, malgré même la trahison de Trochu qui, après avoir juré, le matin, à l'Impératrice, de se faire tuer pour la défendre, l'abandonnait lâchement, le soir, aux conspirateurs; malgré tous les odieux mensonges dont on avait abusé la population, le crime du 4 Septembre n'eût pu s'accomplir si, parmi les représentants du gouvernement impérial, présents à Paris, il s'était trouvé un homme de cœur pour tenir résolûment tête à l'émeute.

Quelques arrestations, habilement exécutées contre les principaux meneurs, et les autres conspirateurs s'enfuyaient à toutes jambes. Jules Favre, Thiers et Trochu détalaient les premiers !

La gendarmerie et les sergents de ville étaient plus que suffisants pour balayer la place de la

Concorde et protéger le Corps législatif contre toute pression du dehors. La majorité, rassurée et connaissant la vérité, votait des remerciements à l'armée pour sa conduite héroïque à Sedan, et le Sénat français, à l'exemple de l'ancien Sénat romain, envoyait à l'Empereur captif une députation pour le féliciter de n'avoir pas désespéré du salut de la patrie.

De nouvelles armées se seraient formées et auraient donné le temps à nos alliés d'accourir pour nous aider soit à vaincre l'ennemi, soit à conclure une paix qui n'aurait rien coûté à notre honneur, ni à notre territoire.

Malheureusement cet homme de cœur ne s'est pas rencontré et l'Empire s'est effondré, entraînant avec lui la France dans l'abime !

IV

Les mensonges des ennemis de l'Empire

Le règne des hommes du 4 Septembre n'eût pas duré quinze jours, s'ils n'avaient eu recours à l'arme favorite des traîtres et des lâches : le *mensonge*. Ils en ont usé et abusé au-delà de tout ce que la perversité humaine peut imaginer, et ils en ont tellement contracté l'habitude, qu'aujourd'hui encore, ils ne peuvent s'en défaire.

Pour peu que cela dure, vous verrez que c'est l'Empire qui a fait la Commune, que ce sont les *Uhlans* qui ont fui devant Gambetta, et que c'est J. Favre qui a sauvé l'armée de Bourbaki dans les neiges du Jura !

Aussitôt maîtres du pouvoir, leur premier soin a été de s'emparer des palais impériaux, d'en fouiller les armoires et d'en tirer les papiers les plus secrets pour les livrer au public, après les avoir mutilés ou travestis.

Cette infamie leur a cependant peu profité. Au lieu des choses scandaleuses qu'ils espéraient trouver contre nos souverains, ces papiers ne leur ont guère révélé que les secrets de la munificence impériale pour de grandes infortunes, ou les turpitudes de certains de leurs amis qui avaient fatigué l'Empereur de leurs demandes et de leurs protestations de dévouement.

Ils ont été plus heureux en travestissant le rôle de l'Empereur dans la dernière guerre. Pendant quelque temps, ils sont parvenus à en rejeter sur lui toute la responsabilité et à le présenter aux yeux des foules crédules, comme y ayant tenu une conduite indigne de son rang et de son nom.

*
* *

Qu'aurait pensé la France, si elle avait su, ce qui était vrai :

Que personne n'avait été plus opposé à la guerre que l'Empereur.

Qu'il n'avait tant insisté, pendant quatre ans, pour obtenir des Chambres une armée capable de tenir tête à celle de la Prusse, que pour obliger celle-ci à ne pas troubler la paix.

Que la guerre ne pouvant plus être évitée, il avait redoublé d'efforts pour nous assurer des alliés et pour empêcher, en attendant, que les chefs de nos corps d'armée ne se fissent battre en détail;

Qu'il avait, notamment, blâmé la marche sur Sedan, mais que, la bataille une fois engagée, il s'était jeté au milieu de nos soldats, pour les animer par ses paroles et son exemple;

Qu'on l'avait vu sur tous les points où les balles et la mitraille faisaient le plus de ravages;

Que plusieurs de ses aides de camp et officiers d'ordonnance furent tués ou blessés à ses côtés, et que ce ne fut pas sa faute, si la mort, qu'il appelait, s'obstina à l'épargner;

Qu'il ne quitta le champ de bataille, que quand la déroute fut complète;

Que, rentré à Sedan, pêle-mêle avec les débris d'une armée qui ne reconnaissait plus la voix de ses chefs et dans laquelle les projectiles ennemis faisaient d'épouvantables ravages, il avait cru de son devoir de souverain de se livrer au vainqueur, pour rendre un dernier service à la France, en sauvant la vie de 80,000 de ses enfants !

Si, au lieu de présenter cette auguste victime sous les traits d'un *incapable*, d'un *égoïste* et d'un *lâche*, on eût permis à la vérité de se faire jour, est-ce que la nation aurait abandonné ce souverain héroïque pour se livrer, pieds et poings liés, aux misérables qui allaient achever de la perdre en la déshonorant? Et ces mêmes hommes seraient-ils encore aujourd'hui les maîtres de nos destinées ?

*
* *

Heureusement, l'heure de la justice ne saurait tarder de sonner. Reste à savoir à qui reviendra le pouvoir qui va s'échapper de leurs mains.

Des trois partis qui y aspirent: la *Légitimité*, l'*Orléanisme*, l'*Empire*, toutes les chances sont évidemment en faveur du dernier. Les républicains le savent bien, voilà pourquoi c'est contre l'Empire qu'ils dirigent leurs plus formidables batteries.

La *Légitimité* ne représente aux yeux des populations qu'un passé dont la France ne veut plus entendre parler.

L'*Orléanisme* ne lui rappelle que les souvenirs d'une bourgeoisie égoïste et sans entrailles pour le peuple. Les trois d'Orléans qui ont marqué dans l'Histoire : le Régent, Philippe-Egalité et le Philippe qui fut roi, ont pu laisser de grands biens à leurs descendants qui ont su y ajouter encore, mais rien qui les recommande à la reconnaissance et à l'affection des masses.

Il ne reste donc que l'Empire qui, deux fois, a déjà sauvé la France et qui la sauvera une troisième fois encore, parce qu'il a toujours su identifier sa cause avec celle de la nation.

CHAPITRE VII

Conditions du rétablissement de l'Empire.

A quelles conditions l'Empire sera-t-il rétabli?

Nous n'en connaissons que deux, également *nécessaires*, également *infaillibles*.

La *première*, c'est qu'il cessera de faire cause commune avec les *Conservateurs* qui ne sont pas franchement enrôlés sous sa bannière.

A quoi lui a servi son union avec les Légitimistes et les Orléanistes, sinon à faire retomber sur lui une partie de l'impopularité qui s'attache à ces deux partis? Et que peut il espérer encore en persévérant dans cette association contre nature? Le vol de l'aigle sera-t-il plus puissant et plus libre quand on aura chargé ses ailes de ces deux vieilles caisses effondrées?

Si l'Empire veut trouver de véritables et

loyaux alliés, c'est dans la démocratie, dans le peuple, qu'il doit aller les chercher. Entre le peuple et lui il y a toujours eu communauté d'idées et de sentiments. Leur union ne s'est momentanément rompue que par suite des mensonges de ceux qui avaient intérêt à tromper les masses pour les exploiter.

Mais le mensonge n'a qu'un temps et la vérité ne tardera pas à rapprocher ceux que le mensonge avait séparés.

*
* *

Assurément l'Empire ne saurait repousser le concours des honnêtes gens d'aucun parti ; ce serait aller contre ses intérêts et ses traditions. Sa mission n'a-t-elle pas été, aux deux grandes époques de son règne, le salut et le refuge de tous les conservateurs, aussi bien de la noblesse que du clergé, de l'industriel et du rentier, que de l'ouvrier et du paysan ?

Mais il y a une grande différence entre ouvrir ses rangs à tous les hommes de bonne volonté pour marcher avec eux à la défense de l'ordre public, et mêler son drapeau avec ceux de tous les partis. Le sien n'est-il pas assez beau, assez glorieux, pour n'avoir nul besoin de rien emprunter aux autres ?

Les conservateurs de toutes les couleurs lui

viendront naturellement, sans qu'il les appelle ; la peur suffira, cette fois encore, pour les lui ramener.

* *
*

La seconde condition de succès pour les impérialistes, c'est qu'ils forment, entre eux, un parti compacte, solidement organisé et discipliné, sous la conduite d'un chef énergique qui sache leur indiquer le but et y marcher résolûment à leur tête, sans en dévier jamais, ne permettant aucune dissidence, repoussant toute coterie, toute personnalité ambitieuse ou vaine qui voudrait exploiter l'influence du parti dans son propre intérêt.

Quiconque se dit dévoué à la cause impériale et prétend travailler, à sa manière, à la faire triompher, ne sert qu'à nous affaiblir en nous divisant. Pendant la bataille, les plus braves soldats ne sont rien qu'à la condition de rester dans le rang.

Mais il ne suffit pas, pour être forts et arriver au but, de marcher unis, il faut encore *marcher*. A quoi servirait de rester ensemble, les bras croisés, contemplant les étoiles et attendant que le hasard ou les événements nous ramènent l'Empire ?

« Aide-toi, le ciel t'aidera. » Dieu ne fait rien

pour ceux qui ne savent rien faire pour eux. Si la force d'un parti est dans son union, c'est à la condition qu'il y joindra l'action; le succès est à ce prix. L'*avenir appartient aux audacieux.*

*
* *

Voyez quel exemple nous ont donné les républicains !

Certes, si jamais cause fut mauvaise, anti-patriotique et anti-sociale. c'est bien la leur; et ils ne peuvent se vanter d'avoir eu la Providence dans leur jeu, puisqu'un de leurs dogmes fondamentaux est la *négation de Dieu.*

Comment sont-ils parvenus, après les désastres de la guerre et les horreurs de la Commune, dont l'opinion publique les rendait justement *responsables*, à ramener si promptement à eux cette même opinion et à s'emparer du gouvernement de la France?

Par *l'union et la discipline.*

Cela leur a permis de marcher de concert au même but, de se procurer des ressources pour agir sur les populations par des discours, des brochures, des journaux qui, sous toutes les formes, répandaient le poison de leurs mensonges dans les populations, *dénigrant*, à qui mieux mieux, les partis conservateurs et *exal-*

4.

tant les hommes et les principes de la République.

*
* *

Voilà bien des années que la France ne lit qu'eux, n'entend qu'eux, ne voit qu'eux. Pour quelques feuilles conservatrices, envoyées avec parcimonie dans certaines localités ; pour quelques orateurs qui ne parlent que dans des réunions *choisies*, les républicains ont des orateurs qui parlent souvent aux *foules* et des quantités de journaux et de brochures, répandus à profusion jusque dans les derniers hameaux.

Et leurs comités ! N'en ont-ils pas couvert la France ? Il n'y a pas une ville, pas un quartier, pas un canton qui n'ait ses comités ; pas un comité qui n'ait la liste de tous les républicains de sa circonscription, et pas un républicain qui ne soit prêt à obéir aveuglément au mot d'ordre venu du comité central.

Comment aussi se procurent-ils les ressources que nécessite la mise en jeu d'un si puissant mécanisme ? La majorité des républicains est loin de rouler sur l'or. Mais ils ont su provoquer et organiser l'*offrande* du pauvre, la *souscription* de l'ouvrier ; et c'est en amassant ainsi sou par sou et en les réunissant aux versements plus considérables de certains millionnaires qui ont peur d'eux, et, dit-on, de certains émissaires prussiens, qu'ils sont parvenus à faire face à toutes les dépenses de leurs journaux et de leurs élections.

*
* *

Ce qu'ont fait les républicains pour arriver à ruiner la France, pourquoi les impérialistes ne le feraient-ils pas pour la sauver? Leur cause étant meilleure et leur but cent fois plus noble, seraient-ils moins dévoués, ou moins résolus?

Qui les empêche de former aussi, sur tous les points du pays, dans chaque ville, dans chaque canton, des comités autour desquels se grouperont tous ces impérialistes timides, qui se sont tenus cachés jusqu'ici, parce qu'ils n'avaient personne pour les diriger et les encourager? Et qui empêcherait ces comités de répandre aussi les brochures et les journaux du parti dans les populations, et de leur faire entendre souvent ces éloquents orateurs que l'impérialisme compte en si grand nombre dans ses rangs ?

Au bruit que font les républicains, on dirait qu'il n'y a plus qu'eux en France. Cependant il n'est pas douteux que les partisans de l'Empire y sont au moins aussi nombreux que les républicains. Seulement, quand ceux-ci crient, les autres se taisent, et la crainte qu'ils ont de es forcenés les fait quelquefois « hurler avec les loups », c'est-à-dire, voter avec eux pour avoir la paix !

*
* *

Que manque-t-il au parti de l'Empire pour oser se révéler dans toute sa force? Une organisation qui permette à nos amis de se connaître, de se compter, de se sentir les coudes. Faites-la et vous les verrez aussitôt marcher au scrutin avec cette résolution qui rappellera les grandes journées plébiscitaires des deux Empires.

L'argent ne leur fera pas plus défaut que le courage. Ce parti serait-il moins riche et moins généreux que celui de la République ? Quand celle-ci recueille des *centaines de mille francs*, sou par sou, le parti de l'Empire peut aisément réunir *des millions*. Toutes ces familles qui, dans les hauts emplois et les grandes affaires, se sont enrichies sous le premier et le second Empire, hésiteraient-elles à sacrifier une petite part de leurs revenus annuels pour créer des journaux et les répandre ; pour envoyer partout des hommes de talent et de cœur, qui réveilleraient les sentiments de reconnaissance et de fidélité pour un régime qui a fait si longtemps la gloire et le bonheur de la France ?

N'y eût-il, d'ailleurs, que l'intérêt personnel pour leur inspirer ces légers sacrifices, qu'ils devraient s'empresser de les faire. Personne n'ignore qu'avec le rétablissement de l'Empire, tout est sauvé ; tandis qu'avec la prolongation de la République, tout est perdu.

L'argent pas plus que les hommes ne manquera donc à l'Empire, pour peu qu'on veuille et qu'on sache le demander.

*
* *

Mais il est plus que temps, pour le parti impérialiste, de sortir de l'état contemplatif où la prudence de ses chefs a cru devoir le maintenir.

Jamais les circonstances n'ont été plus impérieuses ni plus favorables.

La République vient de jouer, dans l'*Exposition universelle*, son dernier *atout* ; mais elle n'en a pas retiré le profit qu'elle en espérait.

Les nations étrangères sont bien venues admirer les merveilles entassées dans le Champ de Mars et les magnificences du Paris de l'Empire. Grâce à l'exquise délicatesse du goût et à l'inépuisable fécondité du génie français, nos arts et notre industrie ont, encore une fois, triomphé dans cette grande lutte internationale ; mais qu'y a gagné la République ? La France et l'Europe lui en ont-elles attribué l'honneur ?

Ce qui reste de ces fêtes brillantes par lesquelles nos républicains ont voulu nous éblouir, c'est le souvenir des dépenses énormes qu'elles ont coûté au pays.

Ont-elles valu à notre industrie de nouvelles commandes, à notre commerce de nouveaux débouchés ? Le travail, dans les ateliers, en est-il devenu plus abondant et plus rémunérateur ? L'avenir, enfin, est-il moins chargé d'orages à la fin de cette année qu'il ne l'était au commencement ?

La liste des faillites, qui s'étale dans les journaux, celle des crimes et des suicides, causés par la misère et dont le nombre augmente chaque jour, ne prouvent, hélas ! que trop clairement, à quel point les espérances de nos gouvernants ont été déçues !

*
* *

Le prochain avénement de la *vraie* République, qui entraîne après elle le bouleversement de toutes les institutions sociales, commence à inspirer aux conservateurs de tous les partis, même aux républicains modérés, une de ces craintes salutaires qui, en présence des grands dangers publics, ne leur permettent pas de consulter leurs préférences, mais qui les jettent fatalement dans les bras du seul parti qui puisse les sauver.

Au milieu du naufrage, qu'importe la couleur de la planche qui nous empêche de couler bas ?

Or, tous les hommes de bonne foi sont d'accord que, dans la tempête que la République démagogique va de nouveau déchaîner sur la France, notre seule planche de salut est l'Empire ; donc tous lui reviendront.

*
* *

Le parti impérialiste n'a plus, pour excuser ses sages temporisations, l'extrême jeunesse du Prince sur qui reposent ses espérances. L'héritier des deux premiers Empereurs n'est plus un enfant; c'est un jeune homme de vingt-trois ans, mûri par l'adversité avant l'âge, intelligent, instruit, résolu; digne, en tous points, du grand nom qu'il porte et de la haute mission que ce nom lui impose.

Nous n'avons donc plus un instant à perdre. Organisons-nous et marchons, en répétant le cri du vainqueur de l'Italie aux soldats qu'il conduisait à la victoire :

« Camarades, EN AVANT ! »

2063. 78. — St-Ouen (Seine). — Imp. JULES BOYER.